Stéphanie Turckheim

Fächergemüse
aus dem Ofen

Fotos von
Bernard Radvaner

Bassermann

GUT ZU WISSEN

DIE REZEPTE

EINLEITUNG

Fächergemüse ist eine einfache und abwechslungsreiche Art, Gemüse zuzubereiten und zu servieren!

Bei dieser Zubereitung schneidet man ein Gemüsestück nach Wahl in kleinen, regelmäßigen Abständen tief ein, dabei sollte man darauf achten, es nicht vollständig durchzuschneiden, sodass es an der Unterseite noch zusammengehalten wird.

Durch die Hitzeeinwirkung beim Garen im Backofen dehnt sich das Gemüse aus, und es entsteht ein toller Fächereffekt!

Fächergemüse kann ganz einfach mit etwas Olivenöl, Salz und Pfeffer verfeinert und als Beilage zu einem Fleisch- oder Fischgericht gereicht werden. Es eignet sich aber auch – mit einem kleinen grünen Salat – als leichtes Mittag- oder Abendessen, und mit weiteren Zutaten wie Käse, Schinken, Wurst, anderem Gemüse oder Obst wird daraus sogar ein tolles Hauptgericht … und für ein fruchtiges Dessert verwenden Sie einfach geeignetes Obst statt Gemüse! Die Kombinationsmöglichkeiten sind schier unendlich. Lassen Sie sich einfach von Ihrer Lust und Laune inspirieren.

Derweil probieren Sie unsere Vorschläge wie Kartoffeln mit Meerrettichsauce oder Kräutern der Provence, herrlich knusprige rote Zwiebeln mit Honig, Kürbis mit Thymian, Rote Beten mit Ingwer oder – etwas sättigender und als eigene Mahlzeiten durchaus geeignet – Süßkartoffeln mit Bacon und Ahornsirup, Zucchini mit Mett und Thymian, Zucchini mit Ziegenkäse und Minze …

Überraschen Sie sich und Ihre Lieben mit tollen, leckeren Gerichten, die raffiniert zubereitet sind und aus einfachem Gemüse etwas ganz Besonderes machen.

pure linen

SO GEHT'S

OBST UND GEMÜSE SCHNEIDEN

OBST UND GEMÜSE AUSWÄHLEN UND GAREN

DIE FÜLLUNG AUSWÄHLEN

IDEALE KOMBINATIONEN

OBST UND GEMÜSE SCHNEIDEN

Die Vorbereitung von Fächergemüse und -obst ist denkbar einfach, wenngleich Sie mit einer gewissen Präzision und Sorgfalt ans Werk gehen sollten. Denn das Gemüse oder Obst sollte in möglichst regelmäßigen, kleinen Abständen tief eingeschnitten, aber keinesfalls ganz durchgeschnitten werden, sodass es an der Unterseite noch zusammengehalten wird.

Ein praktisches Hilfsmittel, um Obst und Gemüse nicht aus Versehen ganz durchzuschneiden, sind zwei Essstäbchen oder rundstielige Kochlöffel, die Sie unten und oben an das Gemüse- oder Obststück anlegen und die das Messer beim Schneiden automatisch stoppen. So gelingen gleich tiefe Einschnitte.

Verwenden Sie ein gutes, scharfes, nicht zu kleines Küchenmesser.

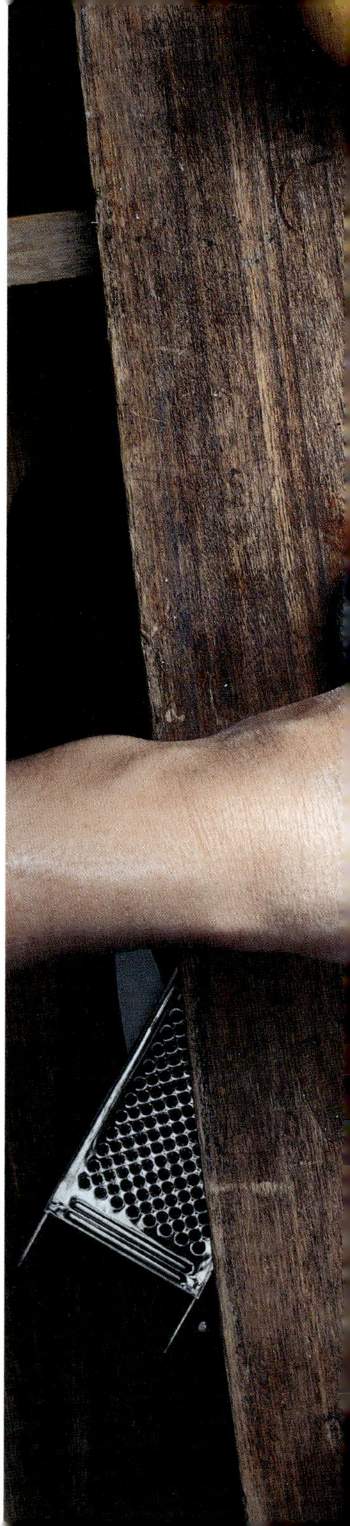

OBST UND GEMÜSE AUSWÄHLEN UND GAREN

Wenn Sie sich für ein bestimmtes Obst oder Gemüse entschieden haben, greifen Sie vorzugsweise zu frischer Ware der Saison. Regionales Obst und Gemüse vom Wochenmarkt oder aus dem Biomarkt muss lediglich gründlich gewaschen, aber nicht geschält werden. Konventionell angebautes Obst und Gemüse sollte sehr sorgfältig mit etwas Essigwasser gewaschen und bei Bedarf geschält werden.

Ganz wichtig ist, dass die Ware sehr frisch ist, also fest und prall und nicht angewelkt und weich! Denn festes Obst und Gemüse lässt sich sehr viel einfacher und feiner schneiden.

Außerdem sollten Sie darauf achten, dass die Obst- und Gemüsestücke möglichst gleich groß sind, damit alles gleichzeitig gar wird. Wenn Sie nämlich beispielsweise Auberginen zubereiten wollen und große, mittlere und kleine Exemplare haben, ist die Garzeit nicht unbedingt gleich lang. Denn wenn die mittleren Auberginen gerade richtig sind, sind die kleinen schon zu weich und die großen noch zu fest. Das schmeckt nicht und ist auch fürs Auge nicht ansprechend.

Das Garen selbst ist eine einfache Angelegenheit. Allerdings brauchen Obst und insbesondere Gemüse im Ofen relativ lang: in der Regel zwischen 45 und 60 Minuten. Man muss also etwas vorausplanen. Die Vorbereitung ist einfach und schnell, wenn man alles Nötige zusammengestellt hat und ein gutes Messer verwendet.

Obst oder Gemüse kommt in eine große, flache Bratform oder aufs Backblech und gart in aller Ruhe im Ofen vor sich hin. Nur gegen Ende der Garzeit sollten Sie alles im Auge behalten, damit das Obst oder Gemüse nicht zu weich wird beziehungsweise zu stark bräunt. Stechen Sie zur Garprobe einen Holzspieß in die Mitte des Garguts: Wenn er sich ohne Widerstand einstechen und herausziehen lässt, ist es fertig. Die genaue Garzeit hängt natürlich von der Frische und der Größe der Obst- und Gemüsestücke ab.

LEGUMES
DU FBG ST MARTIN
75010 PARIS
25-11-2018 12:42
kg PLU €/kg €
Entrée manuelle
345 AGATA 1,38
Entrée prix unit. 2,50
380 courgette 3,50

DIE FÜLLUNG AUSWÄHLEN

Viele Zutaten eignen sich, um das «Trägerobst oder -gemüse» zu befüllen. Am einfachsten ist es, wenn man sich am saisonalen Angebot orientiert, sodass man eine schöne Abwechslung hat.

- Vorsicht bei geräuchertem Schinken und Speck! Sie sind oft recht salzig. Kaufen Sie Fleisch- und Wurstwaren vorzugsweise beim Metzger, da deren Ware oft weniger Pökelsalze enthält. In jedem Fall sollten Sie bei Fächergerichten mit Gepökeltem sparsam mit Salz umgehen, damit das Gericht nicht versalzen wird. Fehlt hingegen Salz, können Sie bei Tisch immer noch nachsalzen.

- Bei Käse, insbesondere bei Ziegen- oder Schafskäserollen, rate ich davon ab, ein Produkt mit Weißschimmelrinde zu verwenden. Denn während der Käse beim Garen schmilzt, bleibt der Rand stabil und als weißer Ring erhalten, was weder besonders lecker schmeckt noch schön aussieht. Greifen Sie besser zu einer Sorte ohne Rand.

- Verwenden Sie möglichst natives Olivenöl extra. Sie können auch mit aromatischen Ölen experimentieren, wie Olivenöl mit Basilikum, Knoblauch- oder Chiliöl. Mischen Sie Öle (Raps- und Olivenöl) oder verwenden Sie geschmacksneutrale Öle wie Sonnenblumenöl. Weitere Alternativen sind kräftig aromatisierte Öle, wie Trüffel-, Kokos- oder Sesamöl.

- Würzen Sie mit verschiedenen Salzarten, wie zum Beispiel Gomasio, Kräutersalz, Rauchsalz, Zitronensalz oder Trüffelsalz. Das sorgt jedes Mal für neue, besondere Geschmacksnuancen.

- Karamellisieren Sie Fächerobst oder -gemüse am Ende der Garzeit, und zwar am besten mit besonders aromatischen Honigsorten. Thymianhonig beispielsweise schmeckt wunderbar und eignet sich für fast jedes Fächergericht ebenso wie Rosmarin- oder Blütenhonig. Für ein exotischeres Aroma verwenden Sie Ahornsirup oder Ingwersirup.

- Für das gewisse Etwas garnieren Sie das Fächergericht unmittelbar vor dem Servieren mit Kräutern oder Kräutermischungen, wie Kräuter der Provence, Zatar, italienische Kräuter etc.

- Greifen Sie zu Gewürzen beziehungsweise Gewürzmischungen, wie Currypulver, Garam Masala, Cajun, Ras el-Hanout etc. Würzen Sie das Gericht nach dem Garen mit einem hochwertigen, frisch gemahlenen Pfeffer.

IDEALE KOMBINATIONEN

Hier finden Sie ein paar Vorschläge für unkomplizierte, einfache Kombinationen, die (fast) jeder mag und die garantiert gut ankommen.

- Kartoffel, Curry, Chorizo, Ananas
- Kartoffel, Tomate, Zucchini, Oregano
- Kartoffel, Knoblauch
- Kartoffel, Camembert, Räucherspeck
- Champignons, Ziegenfrischkäse, Kräuter
- Aubergine, Feta, Tomate
- Tomate, Mozzarella, Basilikum
- Knollensellerie, Olivenöl, Muskatnuss
- Steckrübe, geräucherte Entenbrust, Kräuter
- Gemüsezwiebel, geräucherter Schinken, Petersilie

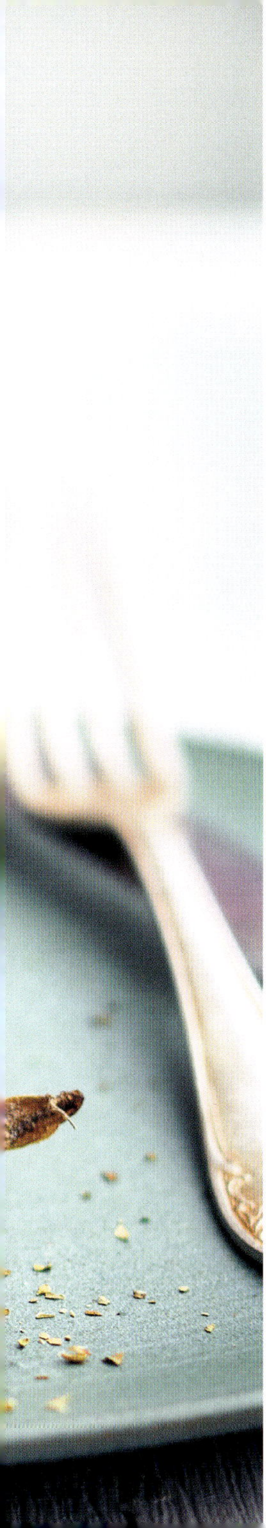

FLEISCHLOS GLÜCKLICH

KARTOFFELN MIT OLIVENÖL UND KRÄUTERN DER PROVENCE

FÜR 4 PERSONEN

ZUBEREITUNG: 10 MINUTEN
GARZEIT: 45–55 MINUTEN

EINFACH
BUDGET €

UTENSILIEN

Küchenmesser
Schneidebrett
Essstäbchen (optional)
Küchenpinsel
Bratform

8 mittelgroße Kartoffeln • 2 EL Kräuter der Provence • 4 EL Olivenöl • Meersalz, schwarzer Pfeffer

1 Den Backofen auf 170 °C vorheizen. Die Kartoffeln unter fließend kaltem Wasser abbürsten und mit Küchenpapier trocken reiben. In regelmäßigen Abständen einschneiden. Zur Erleichterung auf beide Seiten der Kartoffel ein Essstäbchen legen, damit sie nicht ganz, sondern nur bis zur Höhe des Stäbchens eingeschnitten werden kann. Die Kartoffeln nochmals waschen und trocknen.

2 Die Kartoffeln – auch in den Einschnitten – großzügig mit Olivenöl bestreichen. Mit Kräutern der Provence, Salz und Pfeffer bestreuen.

3 Die Kartoffeln in die Bratform legen und im vorgeheizten Ofen 45–55 Minuten weich garen.

4 Sofort servieren.

VARIANTEN
Verwenden Sie andere Kräuter wie Oregano, Bohnenkraut, Majoran oder Bärlauch.

TIPP
Zu diesen Fächerkartoffeln schmeckt ein Kräuterquark.

KARTOFFELN MIT TRÜFFELÖL
UND MEERSALZ

FÜR 2 PERSONEN

ZUBEREITUNG: 5 MINUTEN
GARZEIT: 45–55 MINUTEN

EINFACH
BUDGET €€

UTENSILIEN

Küchenmesser
Schneidebrett
Essstäbchen (optional)
Küchenpinsel
Bratform

4 Kartoffeln • 1 kleines Glas Trüffel in Scheiben in Olivenöl oder Trüffelöl • Meersalz

1 Den Backofen auf 170 °C vorheizen. Die Kartoffeln unter fließend kaltem Wasser abbürsten und mit Küchenpapier trocken reiben. In regelmäßigen Abständen einschneiden. Zur Erleichterung auf beide Seiten der Kartoffel ein Essstäbchen legen, damit sie nicht ganz, sondern nur bis zur Höhe des Stäbchens eingeschnitten werden kann. Die Kartoffeln nochmals waschen und trocknen.

2 Die Kartoffeln – auch in den Einschnitten – großzügig mit dem Olivenöl aus dem Trüffelglas bestreichen und in eine Bratform legen. Mit Meersalz bestreuen und im vorgeheizten Ofen 45–55 Minuten weich garen, dabei 10 Minuten vor Ende der Garzeit die Kartoffeln erneut mit Olivenöl aus dem Glas beträufeln und die Trüffelscheiben in die Einschnitte stecken.

3 Sofort servieren.

VARIANTE

Verwenden Sie ein mit Trüffel aromatisiertes Salz.

KARTOFFELN MIT ÄPFELN UND THYMIAN

FÜR 4 PERSONEN

ZUBEREITUNG: 15 MINUTEN
GARZEIT: 45–55 MINUTEN

EINFACH
BUDGET €

UTENSILIEN

Küchenmesser
Schneidebrett
Essstäbchen (optional)
Küchenpinsel
Bratform

8 Kartoffeln • 2 rotschalige Äpfel • 6 Zweige Thymian • 4 EL gesalzene Butter • Meersalz, schwarzer Pfeffer

1 Den Backofen auf 170 °C vorheizen. Die Kartoffeln unter fließend kaltem Wasser abbürsten und mit Küchenpapier trocken reiben. In regelmäßigen Abständen einschneiden. Zur Erleichterung auf beide Seiten der Kartoffel ein Essstäbchen legen, damit sie nicht ganz, sondern nur bis zur Höhe des Stäbchens eingeschnitten werden kann. Die Kartoffeln nochmals waschen und trocknen.

2 Die Kartoffeln in eine Bratform legen. Die Butter in einem kleinen Topf bei niedriger Hitze zerlassen. Die Kartoffeln – auch in den Einschnitten – mit der flüssigen Butter bestreichen.

3 Die Äpfel vierteln und die Kerngehäuse herauslösen. Die Apfelviertel in feine Spalten schneiden. Mit der Schalenseite nach oben in die Einschnitte in die Kartoffeln stecken. Mit Butter bestreichen. Leicht salzen und mit den abgezupften Thymianblättern bestreuen.

4 Mit Pfeffer würzen und im vorgeheizten Ofen 45–55 Minuten weich garen.

5 Sofort servieren.

VARIANTE
Den Thymian durch mildes oder scharfes Currypulver ersetzen.

BLUMENKOHL MIT CURRY

FÜR 2 PERSONEN

ZUBEREITUNG: 5 MINUTEN
GARZEIT: 35–45 MINUTEN

EINFACH
BUDGET €

UTENSILIEN

Schüssel
Küchenpinsel
Küchengarn
Küchenmesser
Bratform

2 feste, kleine Köpfe Blumenkohl • heller Essig • 1 EL Currypulver • 4 EL Pflanzenöl • 200 ml Gemüsebrühe • 2 EL frisch gehackter Koriander • schwarzer Pfeffer

1 Den Backofen auf 180 °C vorheizen. Den Blumenkohl in einer großen Schüssel Essigwasser 2 Minuten wässern. Gut abspülen, dann abtrocknen. Öl und Curry in einer Schale verrühren. Den Blumenkohl damit bestreichen und die Köpfe in eine Bratform setzen. Mit Küchengarn binden, sodass sie auch nach dem Einschneiden und Garen in Form bleiben. In regelmäßigen Abständen tief einschneiden und die Einschnitte mit dem Curryöl ausstreichen.

2 Die Gemüsebrühe zugießen und den Blumenkohl im vorgeheizten Ofen 35–45 Minuten weich garen.

3 Mit dem Koriander bestreuen und sofort servieren.

VARIANTE
Das Currypulver durch Ras el-Hanout (marokkanische Gewürzmischung), Cajun-Gewürzmischung oder geräuchertes Paprikapulver ersetzen.

AUBERGINE MIT OLIVENÖL UND ZATAR

FÜR 2 PERSONEN

ZUBEREITUNG: 5 MINUTEN
GARZEIT: 35–45 MINUTEN

EINFACH
BUDGET €

UTENSILIEN

Küchenmesser
Schneidebrett
Essstäbchen (optional)
Küchenpinsel
Bratform

2 Auberginen • 2 EL Zatar (siehe unten) • 4 EL Olivenöl

1 Den Backofen auf 180 °C vorheizen. Die Auberginen waschen und mit Küchenpapier trocken tupfen. In regelmäßigen Abständen einschneiden. Zur Erleichterung auf beide Seiten der Aubergine ein Essstäbchen legen, damit sie nicht ganz, sondern nur bis zur Höhe des Stäbchens eingeschnitten werden kann. Die Auberginen – auch in den Einschnitten – großzügig mit dem Olivenöl bestreichen und mit dem Zatar bestreuen.

2 Die Auberginen in eine Bratform legen und im vorgeheizten Ofen 35–45 Minuten weich garen.

3 Solo oder mit Sesamcreme (siehe unten) oder Kräuterquark servieren.

HINWEIS
Zatar (oder Zaatar) ist eine Gewürzmischung aus dem nordafrikanisch-arabischen Raum und ist in türkischen oder arabischen Lebensmittelgeschäften erhältlich. Alternativ Oregano verwenden.

DAZU SCHMECKT
Für die Sesamcreme 3 Esslöffel Tahin (Sesammus) mit 2 Esslöffeln Wasser und Zitronensaft glatt rühren. 1 Knoblauchzehe abziehen, zerdrücken und zusammen mit 1 Esslöffel gehackten Koriander oder Petersilie unterrühren. Mit Salz abschmecken.

GLASIERTE AUBERGINEN

FÜR 4 PERSONEN

ZUBEREITUNG: 10 MINUTEN
GARZEIT: 35–45 MINUTEN

EINFACH
BUDGET €

UTENSILIEN

Küchenmesser
Schneidebrett
Essstäbchen (optional)
Kleiner Topf
Bratform

4 (lange, schlanke) asiatische Auberginen • 6 EL Sojasauce • 4 EL flüssiger Honig • 4 EL Mirin (Asiamarkt) • 1 TL frisch geriebene Ingwerwurzel • 2 EL Sesamsaat

1 Den Backofen auf 180 °C vorheizen. Die Auberginen waschen und mit Küchenpapier trocken tupfen. In regelmäßigen Abständen einschneiden. Zur Erleichterung auf beide Seiten der Aubergine ein Essstäbchen legen, damit sie nicht ganz, sondern nur bis zur Höhe des Stäbchens eingeschnitten werden kann. Die Auberginen in eine Bratform legen.

2 Sojasauce, Honig, Mirin und Ingwer in einem kleinen Topf erhitzen und 2–3 Minuten köcheln lassen.

3 Die Auberginen mit der Honigmischung bestreichen und im vorgeheizten Ofen 35–45 Minuten sehr weich garen.

4 Mit dem Sesam bestreuen und sofort servieren.

TIPP
Diese Auberginen schmecken auch kalt. Bereiten Sie deshalb gleich ein paar mehr zu und bewahren Sie sie im Kühlschrank auf. Vor dem Servieren mit gehacktem Koriander garnieren.

ZUCCHINI MIT ZWIEBELN, TOMATEN UND OREGANO

FÜR 4 PERSONEN

ZUBEREITUNG: 15 MINUTEN
GARZEIT: 45 MINUTEN

EINFACH
BUDGET €

UTENSILIEN

Küchenmesser
Schneidebrett
Essstäbchen (optional)
Küchenpinsel
Bratform

4 mittelgroße Zucchini • 2 Tomaten • 2 rote Zwiebeln • 2 EL frisch gehackter Oregano • 4 EL Olivenöl • Salz, schwarzer Pfeffer

1 Den Backofen auf 160 °C vorheizen. Zucchini und Tomaten waschen und mit Küchenpapier trocken tupfen. Die Zwiebeln abziehen und quer in Scheiben schneiden. Die Zucchini in regelmäßigen Abständen einschneiden. Zur Erleichterung auf beide Seiten der Zucchini ein Essstäbchen legen, damit sie nicht ganz, sondern nur bis zur Höhe des Stäbchens eingeschnitten werden kann. Die Tomaten in feine Scheiben schneiden.

2 Die Zucchini in eine Bratform legen und mit dem Olivenöl bestreichen. Zwiebeln und Tomaten abwechselnd in die Einschnitte der Zucchini stecken. Nochmals mit Olivenöl bestreichen. Mit dem Oregano bestreuen. Salzen und pfeffern.

3 Die Zucchini im vorgeheizten Ofen 45 Minuten weich garen.

4 Warm oder kalt servieren.

VARIANTE

Zwei Knoblauchzehen abziehen und fein hacken. Die Zucchini damit bestreuen, bevor sie in den Ofen geschoben werden.

ROTE ZWIEBELN MIT HONIG, ESSIG
UND ROSINEN

FÜR 2–4 PERSONEN

ZUBEREITUNG: 10 MINUTEN
GARZEIT: 45–55 MINUTEN

EINFACH
BUDGET €

UTENSILIEN

Küchenmesser
Schneidebrett
Essstäbchen (optional)
Bratform
feines Sieb

4 rote Zwiebeln • 3 EL Olivenöl • 2 EL milder Essig • 1 EL Honig • 4 EL Rosinen • Meersalz, schwarzer Pfeffer

1 Den Backofen auf 180 °C vorheizen. Die Zwiebeln abziehen und in regelmäßigen Abständen einschneiden. Zur Erleichterung auf beide Seiten der Zwiebel ein Essstäbchen legen, damit sie nicht ganz, sondern nur bis zur Höhe des Stäbchens eingeschnitten werden kann.

2 Das Olivenöl in einer Schale mit Essig und Honig glatt rühren. Salzen und pfeffern. Die Zwiebeln damit bestreichen.

3 Die Zwiebeln in eine kleine Bratform setzen und im vorgeheizten Ofen 25 Minuten garen.

4 Inzwischen die Rosinen in einer Schale mit kochend heißem Wasser übergießen und quellen lassen.

5 Die Zwiebeln aus dem Ofen nehmen. Nochmals mit der Honigmischung bestreichen und weitere 25–30 Minuten im Ofen garen. Dabei 10 Minuten vor Ende der Garzeit die Rosinen in einem Sieb abtropfen lassen und zu den Zwiebeln geben.

6 Sofort servieren.

VARIANTE
Die Rosinen weglassen und die Zwiebeln mit frischem Thymian bestreuen, bevor sie in den Ofen geschoben werden.

ROTE BETEN MIT INGWER
UND BALSAMICO-ESSIG

FÜR 4 PERSONEN

ZUBEREITUNG: 10 MINUTEN
GARZEIT: 45 MINUTEN

EINFACH
BUDGET €€

UTENSILIEN

Küchenmesser
Schneidebrett
Essstäbchen (optional)
Küchenpinsel
Bratform

4 Rote Beten • 6 EL Olivenöl • 3 EL Balsamico-Essig • 2 EL frisch geriebene Ingwerwurzel • 2 EL frisch gehackte glatte Petersilie • Salz, schwarzer Pfeffer

1 Den Backofen auf 170 °C vorheizen. Die Roten Beten waschen und mit Küchenpapier trocken reiben. In regelmäßigen Abständen einschneiden. Zur Erleichterung auf beide Seiten der Roten Bete ein Essstäbchen legen, damit sie nicht ganz, sondern nur bis zur Höhe des Stäbchens eingeschnitten werden kann. Die Roten Beten in eine Bratform setzen.

2 Das Olivenöl in einer Schale mit Essig und Ingwer glatt rühren. Salzen und pfeffern. Die Roten Beten damit bestreichen.

3 Die Roten Beten im vorgeheizten Ofen 55 Minuten weich garen, dabei zwei- bis dreimal mit der Essigmischung bestreichen.

4 Die Roten Beten mit der Petersilie bestreuen und warm oder lauwarm servieren.

VARIANTE

Den Ingwer durch fein abgeriebene Bio-Orangenschale ersetzen.

KÜRBIS MIT OLIVENÖL UND THYMIAN

FÜR 2 PERSONEN

ZUBEREITUNG: 5 MINUTEN
GARZEIT: 25–30 MINUTEN

EINFACH
BUDGET €€

UTENSILIEN

Küchenmesser
Schneidebrett
Backblech
Küchenpinsel

1 kleiner Hokkaidokürbis • 2 EL Olivenöl • 2 EL frischer Thymian • Salz, schwarzer Pfeffer

1 Den Backofen auf 180 °C vorheizen. Den Kürbis halbieren und die Kerne und Fasern herauslösen. Die Kürbishälften mit der Schnittseite nach unten auf ein Schneidebrett legen und in regelmäßigen Abständen tief einschneiden.

2 Die Kürbishälften mit der Schnittseite nach unten auf ein Backblech legen und mit dem Olivenöl bestreichen. Salzen und pfeffern. Mit dem Thymian bestreuen.

3 Die Kürbishälften im vorgeheizten Ofen 25–30 Minuten weich garen.

4 Sofort servieren.

TIPP

Damit der Kürbis schön braun wird, die Schale leicht mit braunem Zucker bestreuen.

BUTTERNUSSKÜRBIS MIT NUSSÖL UND MARONEN

FÜR 2 PERSONEN

ZUBEREITUNG: 5 MINUTEN
GARZEIT: 25–30 MINUTEN

EINFACH
BUDGET €€

UTENSILIEN

Küchenmesser
Schneidebrett
Küchenpinsel
Backblech

1 Butternusskürbis • 2 EL Sonnenblumenöl • 2 EL grob gehackte Walnusskerne • 4 grob gehackte vorgegarte Maronen • 1 EL Walnussöl • Salz, schwarzer Pfeffer

1 Den Backofen auf 170 °C vorheizen. Den Kürbis halbieren und Kerne und Fasern herauslösen. Die Kürbishälften mit der Schnittseite nach unten auf ein Schneidebrett legen und in regelmäßigen Abständen einschneiden. Mit dem Sonnenblumenöl bestreichen.

2 Die Kürbishälften mit der Schnittseite nach unten auf ein Backblech legen und im vorgeheizten Ofen 20 Minuten garen.

3 Walnusskerne und Maronen zufügen und weitere 5–10 Minuten im Ofen garen.

4 Den Kürbis aus dem Ofen nehmen, mit dem Walnussöl beträufeln. Salzen und pfeffern. Sofort servieren.

TIPP
Servieren Sie dazu einen kleinen Radicchio-Salat und frisch geschnittene Apfelspalten.

KAROTTEN MIT HONIG
UND KREUZKÜMMEL

FÜR 2 PERSONEN

ZUBEREITUNG: 5 MINUTEN
GARZEIT: 55 MINUTEN

EINFACH
BUDGET €

UTENSILIEN

Küchenmesser
Schneidebrett
Essstäbchen (optional)
Bratform
Küchenpinsel

8 große Karotten • 4 EL Olivenöl • 1 EL Blütenhonig • 1 TL gemahlener Kreuzkümmel • frisch gepresster Saft von 1 Orange • 1 TL Kreuzkümmelsamen • 2 EL frisch gehackter Koriander • Salz, schwarzer Pfeffer

1 Den Backofen auf 180 °C vorheizen. Die Karotten waschen und mit Küchenpapier trocken reiben. In regelmäßigen Abständen einschneiden. Zur Erleichterung auf beide Seiten der Karotte ein Essstäbchen legen, damit sie nicht ganz, sondern nur bis zur Höhe des Stäbchens eingeschnitten werden kann. Die Karotten in eine Bratform legen.

2 Das Olivenöl in einer Schale mit Honig und Kreuzkümmelpulver glatt rühren. Die Karotten damit bestreichen.

3 Die Karotten im vorgeheizten Ofen 35 Minuten garen. Dann mit dem Orangensaft übergießen und mit den Kreuzkümmelsamen bestreuen.

4 Die Karotten weitere 20 Minuten im Ofen garen.

5 Die Karotten salzen und pfeffern. Mit dem Koriander bestreuen und sofort servieren.

VARIANTE
Die Karotten einfach mit Olivenöl und etwas Meersalz zubereiten.

AUBERGINEN MIT ZUCCHINI, MOZZARELLA
UND OREGANO

FÜR 2 PERSONEN

ZUBEREITUNG: 15 MINUTEN
GARZEIT: 40–45 MINUTEN

EINFACH
BUDGET €€

UTENSILIEN

Küchenmesser
Schneidebrett
Essstäbchen (optional)
Bratform
Küchenpinsel

2 Auberginen • 1 Zucchini • 2 Roma-Tomaten (pflaumen- bis eigroß) • 1 Kugel Mozzarella • 2 EL getrockneter Oregano • Olivenöl • Salz, schwarzer Pfeffer

1 Den Backofen auf 180 °C vorheizen. Auberginen und Zucchini putzen, waschen und mit Küchenpapier trocken tupfen. Die Auberginen in regelmäßigen Abständen einschneiden. Zur Erleichterung auf beide Seiten der Aubergine ein Essstäbchen legen, damit sie nicht ganz eingeschnitten werden kann. Die Zucchini in feine Scheiben schneiden. Die Tomaten waschen, trocknen und in Scheiben schneiden.

2 Die Auberginen in die Bratform legen und – auch in den Einschnitten – großzügig mit Olivenöl bestreichen. Abwechselnd Zucchini- und Tomatenscheiben in die Einschnitte der Auberginen stecken. Nochmals mit Olivenöl bestreichen. Salzen und pfeffern.

3 Die Auberginen im vorgeheizten Ofen 30 Minuten garen.

4 Inzwischen den Mozzarella in Scheiben schneiden. Die Form aus dem Ofen nehmen und die Mozzarellascheiben in einige Einschnitte stecken. Die Auberginen mit dem Oregano bestreuen und weitere 20–25 Minuten im Ofen garen.

5 Sofort servieren.

VARIANTE
Den Mozzarella durch Scamorza, einen geräucherten italienischen Brühkäse, ersetzen.

ZUCCHINI MIT ZIEGENKÄSE UND MINZE

FÜR 4 PERSONEN

ZUBEREITUNG: 10 MINUTEN
GARZEIT: 35–40 MINUTEN

EINFACH
BUDGET €€

UTENSILIEN

Küchenmesser
Schneidebrett
Essstäbchen (optional)
Küchenpinsel
Bratform

4 Zucchini • Olivenöl • 1 Rolle Ziegenfrischkäse ohne Rinde • 4 EL frisch gehackte Minze • Salz, schwarzer Pfeffer

1 Den Backofen auf 180 °C vorheizen. Die Zucchini putzen, waschen und mit Küchenpapier trocken tupfen. In regelmäßigen Abständen einschneiden. Zur Erleichterung auf beide Seiten der Zucchini ein Essstäbchen legen, damit sie nicht ganz, sondern nur bis zur Höhe des Stäbchens eingeschnitten werden kann. Die Zucchini mit Olivenöl bestreichen. Den Ziegenfrischkäse in Scheiben schneiden und in die Einschnitte der Zucchini stecken.

2 Die Zucchini gut pfeffern, leicht salzen und in eine Bratform legen. Im vorgeheizten Ofen 35–40 Minuten weich garen.

3 Die Zucchini mit der Minze bestreuen und sofort servieren.

VARIANTE

Den Ziegenfrischkäse durch einen halbfesten Ziegen- oder Schafskäse ersetzen.

GUT ZU WISSEN

Verwenden Sie nur Käserollen ohne Rinde, da die Rinde beim Garen nicht ordentlich schmelzen würde.

BIRNEN MIT GORGONZOLA
UND WALNUSS

FÜR 4 PERSONEN

ZUBEREITUNG: 15 MINUTEN
GARZEIT: 20–25 MINUTEN

MITTEL
BUDGET €€

UTENSILIEN

Sparschäler
Küchenmesser
Schneidebrett
Essstäbchen (optional)
Bratform

4 Birnen • Olivenöl • 1 Stück fester Gorgonzola • 4 EL gehackte Walnusskerne • etwas Rucola (zum Garnieren) • Salz, schwarzer Pfeffer

1 Den Backofen auf 180 °C vorheizen. Die Birnen mit einem Sparschäler schälen, halbieren und die Kerngehäuse herauslösen. Die Birnenhälften mit Olivenöl bestreichen und mit der Schnittseite auf ein Schneidebrett legen. In regelmäßigen Abständen einschneiden. Zur Erleichterung auf beide Seiten der Birnenhälfte ein Essstäbchen legen, damit sie nicht ganz, sondern nur bis zur Höhe des Stäbchens eingeschnitten werden kann. Den Gorgonzola in feine Scheiben schneiden und in die Einschnitte der Birnenhälften stecken. Salzen und pfeffern.

2 Die Birnenhälften mit der Schnittseite nach unten in die Bratform legen. Mit den Walnusskernen bestreuen und im vorgeheizten Ofen 20–25 Minuten weich garen.

3 Zerlaufenen Gorgonzola wieder über die Birnen ziehen. Mit dem Rucola garnieren und sofort servieren.

VARIANTE
Den Gorgonzola durch einen anderen Blauschimmelkäse ersetzen.

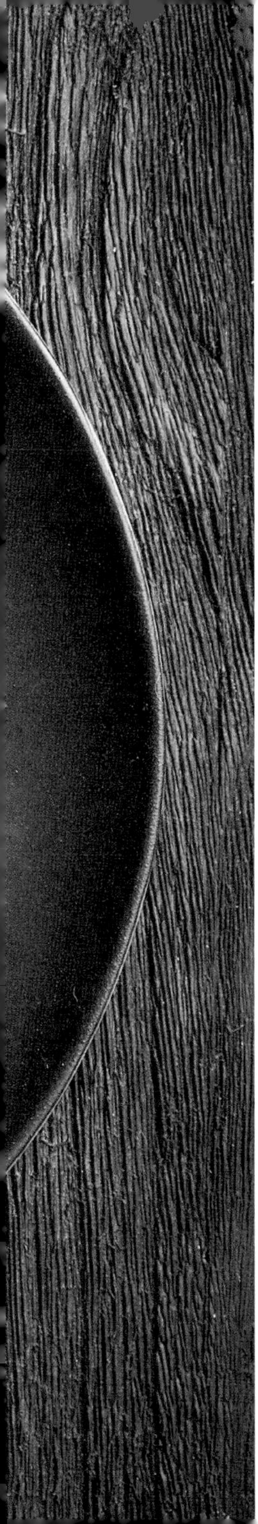

MIT SPECK, WURST & CO.

KARTOFFELN MIT WURST, KÄSE
UND MEERRETTICHSAUCE

FÜR 4 PERSONEN

ZUBEREITUNG: 15 MINUTEN
GARZEIT: 45–50 MINUTEN

EINFACH
BUDGET €€

UTENSILIEN

Küchenmesser
Schneidebrett
Bratform
Kleiner Topf
Schneebesen

8 Kartoffeln • 2 EL zerlassene Butter • 2 Cervelat-Würste • 50 g Comté oder Bergkäse • 250 g Crème fraîche • 1 TL scharfer Senf • 2 EL Meerrettich aus dem Glas (1 EL, wenn er sehr scharf ist) • 2 EL frisch gehackte glatte Petersilie • Salz, schwarzer Pfeffer

1 Den Backofen auf 180 °C vorheizen. Die Kartoffeln unter fließend kaltem Wasser abbürsten und mit Küchenpapier trocken reiben. Zur Erleichterung auf beide Seiten der Kartoffel ein Essstäbchen legen, damit sie nicht ganz, sondern nur bis zur Höhe des Stäbchens eingeschnitten werden kann.

2 Die Kartoffeln in eine Bratform legen und großzügig mit der Butter bestreichen. Im vorgeheizten Ofen 30 Minuten garen.

3 Die Bratwürste häuten und in Scheiben schneiden. Den Käse gegebenenfalls entrinden und ebenfalls in Scheiben schneiden.

4 Die Kartoffeln aus dem Ofen nehmen. Wurst- und Käsescheiben abwechselnd in die Einschnitte der Kartoffeln stecken. Die Kartoffeln 15–20 Minuten im Ofen weiterbacken.

5 Inzwischen die Crème fraîche mit Senf und Meerrettich in einem kleinen Topf verrühren und sanft zum Köcheln bringen. Salzen und pfeffern.

6 Die Kartoffeln mit der Sauce überziehen. Mit der Petersilie garnieren und sofort servieren.

VARIANTE
Die Cervelat-Würste durch eine Salami ersetzen.

KARTOFFELN MIT ROTEN ZWIEBELN, PANCETTA, TOMATE UND ROSMARIN

FÜR 2 PERSONEN

ZUBEREITUNG: 15 MINUTEN
GARZEIT: 45–50 MINUTEN

EINFACH
BUDGET €€

UTENSILIEN

Küchenmesser
Schneidebrett
Essstäbchen (optional)
Bratform
Küchenpinsel

4 Kartoffeln • 1 rote Zwiebel • 4 Scheiben Pancetta oder Frühstücksspeck • 1 Roma-Tomate (pflaumen- bis eigroß) • 2 EL Olivenöl • 1 Zweig Rosmarin • Salz, schwarzer Pfeffer

1 Den Backofen auf 180 °C vorheizen. Die Kartoffeln unter fließend kaltem Wasser abbürsten und mit Küchenpapier trocken reiben. In regelmäßigen Abständen einschneiden. Zur Erleichterung auf beide Seiten der Kartoffel ein Essstäbchen legen, damit sie nicht ganz, sondern nur bis zur Höhe des Stäbchens eingeschnitten werden kann. Die Kartoffeln in die Bratform legen.

2 Die Zwiebel abziehen und in Scheiben schneiden. Die Pancetta- oder Frühstücksspeckscheiben halbieren und falten. Die Tomate waschen, trocknen und in feine Scheiben schneiden.

3 Die Kartoffeln mit Olivenöl bestreichen. Zwiebel- und Tomatenscheiben abwechselnd in die Einschnitte der Kartoffeln stecken. (Der Pancetta wird erst später hineingesteckt, da er beim Garen sehr salzig wird.) Leicht salzen und pfeffern. Den Rosmarin waschen und über die Kartoffeln legen.

4 Die Kartoffeln im vorgeheizten Ofen 40 Minuten weich garen. Dann die Speckscheiben in die Einschnitte stecken und weitere 5–10 Minuten backen.

5 Die Kartoffeln sofort servieren.

VARIANTE
Den Pancetta durch Räucherlachs ersetzen und die Kartoffeln vor dem Servieren mit einem Klecks Crème fraîche garnieren. Dazu passt ein grüner Salat.

KARTOFFELN MIT RACLETTEKÄSE, BÜNDNERFLEISCH, GÜRKCHEN UND ZWIEBELN

FÜR 4 PERSONEN

ZUBEREITUNG: 15 MINUTEN
GARZEIT: 45–50 MINUTEN

EINFACH
BUDGET €€€

UTENSILIEN

Küchenmesser
Schneidebrett
Essstäbchen (optional)
Bratform
Küchenpinsel

8 Kartoffeln • 1 weiße Zwiebel • 3 EL zerlassene Butter • 20 dünne Scheiben Raclettekäse • 16 Scheiben Bünderfleisch • 4–5 Cornichons • Salz, schwarzer Pfeffer

1 Den Backofen auf 180 °C vorheizen. Die Kartoffeln unter fließend kaltem Wasser abbürsten und mit Küchenpapier trocken reiben. In regelmäßigen Abständen einschneiden. Zur Erleichterung auf beide Seiten der Kartoffel ein Essstäbchen legen, damit sie nicht ganz, sondern nur bis zur Höhe des Stäbchens eingeschnitten werden kann. Die Kartoffeln in eine Bratform legen. Die Zwiebel abziehen und in feine Scheiben schneiden. In die Einschnitte der Kartoffeln stecken.

2 Die Kartoffeln mit der Butter bestreichen und im vorgeheizten Ofen 30 Minuten garen.

3 Die Form aus dem Ofen nehmen und die Käsescheiben in die Einschnitte stecken. Weitere 15–20 Minuten im Ofen garen, bis der Käse geschmolzen und die Kartoffeln weich sind.

4 Die Cornichons in Scheiben schneiden. Das Bündnerfleisch falten. Die Form aus dem Ofen nehmen. Die Fleischscheiben in die Einschnitte der Kartoffeln stecken. Die Cornichons auf den Kartoffeln verteilen. Großzügig pfeffern und bei Bedarf salzen. Sofort servieren.

VARIANTE
Den Raclettekäse durch Reblochon, einen halbfesten französischen Kuhmilchkäse, und das Bündnerfleisch durch geräucherten Speck ersetzen.

SÜSSKARTOFFELN MIT BACON, AHORNSIRUP UND PEKANNUSS

FÜR 2 PERSONEN

ZUBEREITUNG: 10 MINUTEN
GARZEIT: 30–35 MINUTEN

EINFACH
BUDGET €€

UTENSILIEN

Küchenmesser
Schneidebrett
Essstäbchen (optional)
Bratform
Küchenpinsel

2 kleine Süßkartoffeln • 2 EL zerlassene Butter • 6 Scheiben Frühstücksspeck • Ahornsirup • 2 EL grob gehackte Pekannusskerne • schwarzer Pfeffer

1 Den Backofen auf 180 °C vorheizen. Die Süßkartoffeln unter fließend kaltem Wasser abbürsten und mit Küchenpapier trocken reiben. In regelmäßigen Abständen einschneiden. Zur Erleichterung auf beide Seiten der Süßkartoffel ein Essstäbchen legen, damit sie nicht ganz, sondern nur bis zur Höhe des Stäbchens eingeschnitten werden kann. Die Süßkartoffeln in eine Bratform legen.

2 Die Süßkartoffeln mit der flüssigen Butter bestreichen. Die Speckscheiben halbieren und in die Einschnitte der Süßkartoffeln stecken. Im vorgeheizten Ofen 20 Minuten garen.

3 Die Form aus dem Ofen nehmen und die Süßkartoffeln mit Ahornsirup beträufeln. Mit den Pekannüssen bestreuen und weitere 15 Minuten im Ofen garen.

4 Die Süßkartoffeln großzügig pfeffern und sofort servieren.

VARIANTE
Den Ahornsirup durch Honig ersetzen.

ZUCCHINI MIT METT UND THYMIAN

FÜR 4 PERSONEN

ZUBEREITUNG: 20 MINUTEN
GARZEIT: 35–40 MINUTEN

EINFACH
BUDGET €€

UTENSILIEN

Küchenmesser
Schneidebrett
Essstäbchen (optional)
Bratform
Küchenpinsel

4 Zucchini • 150 g Mett • 2 EL Olivenöl • 150 ml Gemüsebrühe • 2 EL frischer Thymian • schwarzer Pfeffer

1 Den Backofen auf 180 °C vorheizen. Die Zucchini putzen, waschen und mit Küchenpapier trocken tupfen. In regelmäßigen Abständen einschneiden. Zur Erleichterung auf beide Seiten der Zucchini ein Essstäbchen legen, damit sie nicht ganz, sondern nur bis zur Höhe des Stäbchens eingeschnitten werden kann. Die Zucchini in eine Bratform legen.

2 Knapp walnussgroße Mett-Portionen zwischen den Handflächen zu Kugeln formen und flach drücken. Die Mettscheiben in die Einschnitte der Zucchini stecken. Mit Olivenöl beträufeln und mit Pfeffer würzen.

3 Die Zucchini im vorgeheizten Ofen 35–40 Minuten weich garen. Dabei regelmäßig mit Gemüsebrühe beträufeln.

4 Die Zucchini mit dem Thymian bestreuen und sofort servieren.

TIPP
Einen Teelöffel verwenden, um gleich große Portionen vom Mett abnehmen zu können.

KÜRBIS MIT RÄUCHERSPECK, KÄSE UND MUSKATNUSS

FÜR 4 PERSONEN

ZUBEREITUNG: 15 MINUTEN
GARZEIT: 25–35 MINUTEN

MITTEL
BUDGET €€

UTENSILIEN

Küchenmesser
Schneidebrett
Küchenpinsel
Backblech

2 kleine Hokkaidokürbisse • 2 EL Olivenöl • 4 dünne Scheiben Räucherspeck • 4 Scheiben Comté oder Bergkäse • 1 Prise geriebene Muskatnuss • 2 EL frisch gehackte Petersilie • Salz, schwarzer Pfeffer

1 Den Backofen auf 180 °C vorheizen. Die Kürbisse halbieren. Fasern und Kerne mit einem Esslöffel herauslösen. Die Kürbishälften mit der Schnittfläche auf ein Schneidebrett legen und in regelmäßigen Abständen tief einschneiden. Das Kürbisfleisch mit dem Olivenöl bestreichen.

2 Die Speckscheiben halbieren. Die Käsescheiben vierteln. Speck- und Käsescheiben abwechselnd in die Einschnitte der Kürbishälften stecken.

3 Die Kürbishälften mit der Schnittseite nach unten auf das Backblech setzen. Mit Muskatnuss bestäuben. Leicht salzen und mit etwas Olivenöl beträufeln.

4 Die Kürbishälften im vorgeheizten Ofen 25–35 Minuten weich garen.

5 Die Kürbishälften mit der Petersilie bestreuen und sofort servieren.

VARIANTE

Zusätzlich in Scheiben geschnittene Champignons in die Einschnitte stecken.

PASTINAKEN MIT SCHARFER SALAMI
UND PECORINO

FÜR 4 PERSONEN

ZUBEREITUNG: 10 MINUTEN
GARZEIT: 35–40 MINUTEN

EINFACH
BUDGET €€

UTENSILIEN

Küchenmesser
Schneidebrett
Essstäbchen (optional)
Küchenpinsel
Bratform

4 Pastinaken • 2 EL Olivenöl • 12 Scheiben pikante Salami • 4 EL frisch geriebener Pecorino • Salz, schwarzer Pfeffer

1 Den Backofen auf 180 °C vorheizen. Die Pastinaken unter fließend kaltem Wasser abbürsten und mit Küchenpapier trocken reiben. Wenn die Pastinaken nicht ganz frisch sind, schälen. In regelmäßigen Abständen einschneiden. Zur Erleichterung auf beide Seiten der Pastinake ein Essstäbchen legen, damit sie nicht ganz, sondern nur bis zur Höhe des Stäbchens eingeschnitten werden kann. Die Pastinaken mit Olivenöl bestreichen.

2 Die Salamischeiben vierteln und in die Einschnitte der Pastinaken stecken (3 Scheiben pro Pastinake). Mit Pfeffer würzen und mit dem Pecorino bestreuen.

3 Die Pastinaken im vorgeheizten Ofen 35–40 Minuten weich garen.

4 Sofort servieren.

VARIANTE
Die pikante Salami kann durch eine mildere Sorte wie Mailänder ersetzt oder mit dieser abgewechselt werden.

FEIGEN MIT ZIEGENKÄSE, BACON, HONIG UND ROSMARIN

FÜR 2 PERSONEN

ZUBEREITUNG: 10 MINUTEN
GARZEIT: 25–30 MINUTEN

EINFACH
BUDGET €€

UTENSILIEN

Küchenmesser
Schneidebrett
Bratform

6 große Feigen • 2 EL Olivenöl • 12 Scheiben Ziegenkäse ohne Rinde (Rolle) • 6 Scheiben Frühstücksspeck • 3 TL Honig • 3 EL Rosmarin • Salz, schwarzer Pfeffer

1 Den Backofen auf 180 °C vorheizen. Die Feigen waschen und mit Küchenpapier trocken tupfen. Jede Feige dreimal tief einschneiden und – auch in den Einschnitten – rasch mit Olivenöl bestreichen. In die beiden äußeren Einschnitte je eine Käsescheibe stecken. Die Speckscheiben aufrollen und in die mittleren Einschnitte stecken.

2 Die Feigen in eine Bratform setzen und mit dem Honig beträufeln. Mit dem Rosmarin bestreuen, salzen und pfeffern.

3 Die Feigen im vorgeheizten Ofen 25–30 Minuten weich garen.

4 Sofort servieren.

VARIANTE
Den Speck durch geräucherte Entenbrust in Scheiben ersetzen.

ANANAS MIT CHORIZO UND GARNELEN

FÜR 4 PERSONEN

ZUBEREITUNG: 15 MINUTEN
GARZEIT: 25 MINUTEN

EINFACH
BUDGET €€€

UTENSILIEN

Küchenmesser
Schneidebrett
Bratform

1 reife Ananas • 16 Scheiben Chorizo • 16 ausgelöste rohe Garnelen • 2 EL Schnittlauchröllchen • Salz, schwarzer Pfeffer

1 Den Backofen auf 180 °C vorheizen. Die Blätter und die Basis von der Ananas abschneiden. Die Frucht aufrecht auf das Schneidebrett stellen und die Schale von oben nach unten abschneiden. Die Ananas vierteln. Den harten Strunk herausschneiden und die Ananasviertel in regelmäßigen Abständen tief einschneiden.

2 Die Chorizoscheiben in die Einschnitte der Ananasviertel stecken. Salzen und pfeffern. Mit Olivenöl beträufeln. Die Ananas in eine Bratform legen.

3 Die Ananas im vorgeheizten Ofen 20 Minuten garen. Die Garnelen zufügen und weitere 5 Minuten im Ofen garen.

4 Die Ananas mit dem Schnittlauch bestreuen und sofort servieren.

TIPP
Servieren Sie dazu einen grünen Salat mit Knoblauch-Ingwer-Dressing.

DESSERTS

SÜSSKARTOFFELN MIT HONIG, ZIMT, VANILLE UND INGWER

FÜR 4 PERSONEN

ZUBEREITUNG: 15 MINUTEN
GARZEIT: 25–30 MINUTEN

EINFACH
BUDGET €€

UTENSILIEN

Küchenmesser
Schneidebrett
Essstäbchen (optional)
Bratform
Kleiner Topf

4 kleine Süßkartoffeln • 4 EL gesalzene Butter • 4 EL flüssiger Honig • ½ TL Zimtpulver • 1 Vanillestange • 1 Prise geriebene Muskatnuss • 1 EL frisch geriebene Ingwerwurzel
ZUM SERVIEREN: 4 Kugeln Vanilleeis

1 Den Backofen auf 180 °C vorheizen. Die Süßkartoffeln unter fließend kaltem Wasser abbürsten und mit Küchenpapier trocken reiben. In regelmäßigen Abständen einschneiden. Zur Erleichterung auf beide Seiten der Süßkartoffel ein Essstäbchen legen, damit sie nicht ganz, sondern nur bis zur Höhe des Stäbchens eingeschnitten werden kann. Die Süßkartoffeln in eine Bratform legen.

2 Die Butter mit Honig und Gewürzen in einen kleinen Topf geben und bei niedriger Hitze zerlassen. Sorgfältig verrühren. Die Süßkartoffeln großzügig mehrmals mit der heißen Gewürzbutter bestreichen.

3 Die Süßkartoffeln im vorgeheizten Ofen 25–30 Minuten weich garen.

4 Die Süßkartoffeln lauwarm mit je einer Kugel Vanilleeis servieren.

TIPP
Diese Gewürz-Süßkartoffeln schmecken – dann natürlich ohne Vanilleeis – auch sehr lecker als Beilage zu einem Schweinebraten.

ÄPFEL MIT MARZIPAN UND ORANGENBLÜTENSIRUP

FÜR 4 PERSONEN

ZUBEREITUNG: 20 MINUTEN
GARZEIT: 25–30 MINUTEN

EINFACH
BUDGET €€

UTENSILIEN

Kleiner Topf
Küchenmesser
Schneidebrett
Apfelausstecher
Bratform

4 große Äpfel · 100 g Marzipanrohmasse · **FÜR DEN SIRUP:** 120 g Zucker · 70 ml Wasser · 3 EL Orangenblütenwasser (Apotheke, Bioladen) · **FÜR DIE SCHLAGSAHNE:** 200 g Schlagsahne · 1 EL Zucker

1 Zunächst für den Sirup Zucker und Wasser in einen kleinen Topf geben. Zum Kochen bringen und anschließend 5 Minuten sanft einköcheln lassen. Das Orangenblütenwasser unterrühren. Beiseitestellen.

2 Den Backofen auf 180 °C vorheizen. Die Äpfel waschen und mit Küchenpapier trocken reiben. Die Kerngehäuse mit dem Apfelausstecher herauslösen und die Äpfel etwas aushöhlen. Die Marzipanrohmasse in vier gleich große Portionen teilen, zu Rollen formen und in die ausgehöhlten Äpfel stecken. Die Äpfel in regelmäßigen Abständen vorsichtig bis auf 3 mm von der Mitte einschneiden. Die Äpfel mit dem Sirup bestreichen.

3 Die Äpfel in eine Bratform setzen und im vorgeheizten Ofen 20–25 Minuten weich garen. Dabei zwischendurch nochmals mit Sirup bestreichen.

4 Inzwischen die Sahne steif schlagen und den Zucker unterrühren.

5 Die Äpfel lauwarm mit der Schlagsahne servieren.

HINWEIS
Die Sahne wird für dieses Dessert nur schwach gezuckert, da die Äpfel durch den Sirup und das Marzipan schon ausreichend süß sind.

MANGO MIT HONIG UND LIMETTE

FÜR 2 PERSONEN

ZUBEREITUNG: 10 MINUTEN
GARZEIT: 20–25 MINUTEN

MITTEL
BUDGET €€

UTENSILIEN

Sparschäler
Feine Reibe
Küchenmesser
Schneidebrett
Bratform

1 große Mango • 2 Bio-Limetten • 2 EL flüssiger Honig

1 Den Backofen auf 180 °C vorheizen. Die Mango vorsichtig schälen. Die Limetten heiß abspülen und mit Küchenpapier trocken reiben. Die Schale mit der Reibe dünn abreiben. Die Limetten halbieren und den Saft auspressen. Die Mango von beiden Seiten in regelmäßigen Abständen einschneiden. Mit dem Honig bestreichen und mit der Hälfte des Limettensafts beträufeln.

2 Die Mango in eine Bratform legen und im vorgeheizten Ofen 10 Minuten garen.

3 Die Form aus dem Ofen nehmen und die Mango mit dem restlichen Limettensaft beträufeln. Weitere 10–15 Minuten im Ofen garen.

4 Die Mango am Kern entlang halbieren. Mit dem Limettenabrieb garnieren. Warm oder lauwarm servieren.

VARIANTE
Sie können das Fruchtfleisch auch vor dem Garen von beiden Seiten vom Kern lösen.

TIPP
Die Mango schmeckt köstlich zu einem Schokoladentörtchen mit flüssigem Kern.

FLAMBIERTE ANANAS MIT INGWERSIRUP

FÜR 4 PERSONEN

ZUBEREITUNG: 20 MINUTEN
GARZEIT: 25–30 MINUTEN

MITTEL
BUDGET €€

UTENSILIEN

Kleiner Topf
Küchenmesser
Schneidebrett
Bratform

1 große Ananas · 100 ml brauner Rum · **FÜR DEN SIRUP:** 120 g Zucker · 70 ml Wasser · 2 EL frisch geriebene Ingwerwurzel

1 Zunächst für den Sirup Zucker und Wasser in einen kleinen Topf geben. Zum Kochen bringen und anschließend 5 Minuten bei niedriger Hitze einköcheln lassen. Den Ingwer unterrühren. Beiseitestellen.

2 Den Backofen auf 180 °C vorheizen. Die Blätter und die Basis von der Ananas abschneiden. Die Frucht aufrecht auf das Schneidebrett stellen und die Schale von oben nach unten abschneiden. Dabei darauf achten, dass auch alle „Augen" mit entfernt werden. Die Ananas in regelmäßigen Abständen bis zum harten Mittelstrunk einschneiden. In eine Bratform stellen und mit dem Ingwersirup überziehen.

3 Die Ananas im vorgeheizten Ofen 25–35 Minuten weich garen.

4 Gegen Ende der Garzeit den Rum in einem kleinen Topf erhitzen. Über die Ananas gießen und flambieren. Sofort servieren.

TIPP
Die Ananas direkt nach dem Garen längs vierteln, auf Tellern anrichten und dann am Tisch flambieren.

BIRNEN MIT HONIG, VANILLE UND ZARTBITTERSCHOKOLADE

FÜR 4 PERSONEN

ZUBEREITUNG: 15 MINUTEN
GARZEIT: 20–25 MINUTEN

EINFACH
BUDGET €

UTENSILIEN

Sparschäler
Küchenmesser
Schneidebrett
Küchenpinsel
Bratform

4 Birnen • 1 Tafel Zartbitterschokolade • 4 EL Honig • 1 Messerspitze Vanillemark

1 Den Backofen auf 180 °C vorheizen. Die Birnen schälen, den Stiel aber intakt lassen. Die Birnen in regelmäßigen Abständen quer einschneiden. Honig und Vanillemark in einer Schale verrühren. Die Birnen damit bestreichen.

2 Die Birnen in eine Bratform stellen und im vorgeheizten Ofen 20–25 Minuten weich garen.

3 Die Schokolade in Stücke brechen. Die Birnen aus dem Ofen nehmen und die Schokolade in die Einschnitte der Birnen stecken. Sofort servieren.

HINWEIS
Servieren Sie eine Mascarpone-Sahne dazu: 200 g Schlagsahne steif schlagen, dann 150 g Mascarpone und 2 EL Puderzucker unterziehen.

FEIGEN MIT HONIG UND THYMIAN

FÜR 4 PERSONEN

ZUBEREITUNG: 15 MINUTEN
GARZEIT: 15–20 MINUTEN

EINFACH
BUDGET €€

UTENSILIEN

Küchenmesser
Schneidebrett
Küchenpinsel
Bratform

8 große Feigen • 8 EL Thymianhonig • 3 Zweige Thymian

1 Den Backofen auf 180 °C vorheizen. Die Feigen waschen und mit Küchenpapier trocken tupfen. In regelmäßigen Abständen einschneiden. Die Feigen mit dem Honig bestreichen.

2 Die Feigen in eine Bratform setzen und im vorgeheizten Ofen je nach Größe der Früchte 15–20 Minuten weich garen.

3 Inzwischen die Thymianblätter von den Zweigen zupfen. Die Feigen damit bestreuen und lauwarm servieren.

TIPP
Je eine Kugel Vanilleeis oder gesüßte Schlagsahne dazu servieren.

REGISTER

DANKSAGUNG

Danke an Anne für die lustige und leckere Zusammenarbeit an diesem Projekt.
Stéphanie de Turckheim

Mein Dank geht an Anne Vallet, die mir dieses Projekt anvertraut hat.
Ein großes Dankeschön auch an Marielle Pape für ihre wertvolle Hilfe in der Küche und an Bernard Radvaner für seine Begeisterung und die tollen Fotos.
Jesiel Maxan

ISBN 978-3-8094-4172-4

1. Auflage

Originaltitel: Légumes Hérissons

Umschlaggestaltung: Atelier Versen, Bad Aibling
Herstellung: Elke Cramer
Projektleitung: Anja Halveland

Realisierung der deutschen Ausgabe: trans texas publishing services GmbH, Köln
Übersetzung: Lisa Heilig, Köln

Satz: trans texas publishing services GmbH, Köln
Druck & Verarbeitung: Těšínská tiskárna, Český Těšín

Printed in the Czech Republic

FSC
MIX
Papier aus verantwortungsvollen Quellen
FSC® C005833

Verlagsgruppe Random House FSC® N001967